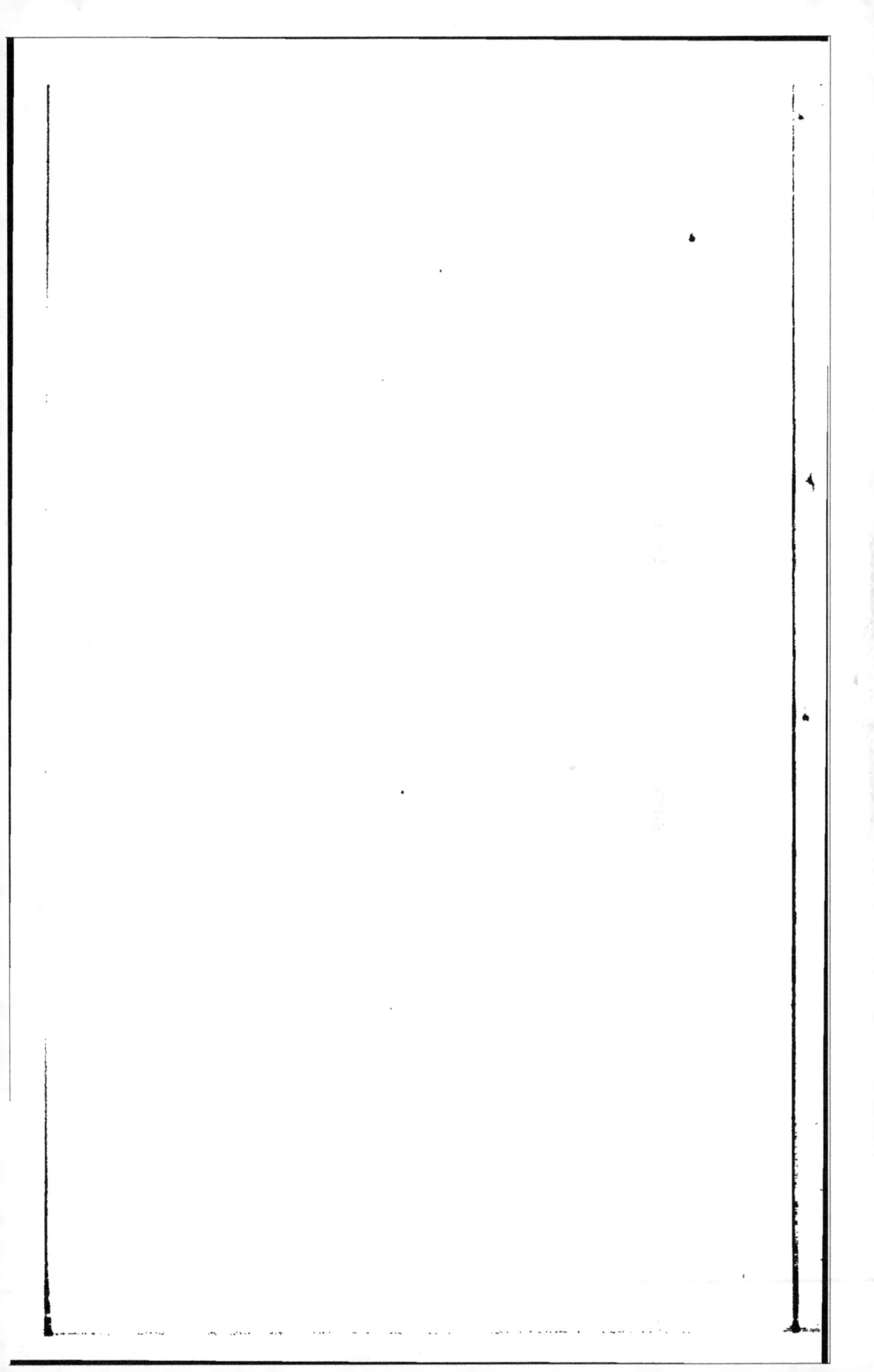

LES AILES

DE

L'AMOUR,

COMÉDIE EN UN ACTE,

EN VERS ET EN VAUDEVILLES,

MÊLÉE D'AIRS NOUVEAUX;

REPRÉSENTÉE à Paris, pour la première fois, le Mardi, 23 Mai 1786, par les Comédiens Italiens ordinaires du Roi.

DÉDIÉE A M. GRÉTRY.

Par le COUSIN JACQUES.

Prix 1 liv. 16 fols, avec les Airs nouveaux.

Forsan & hæc olim meminisse juvabit. *Virg.*

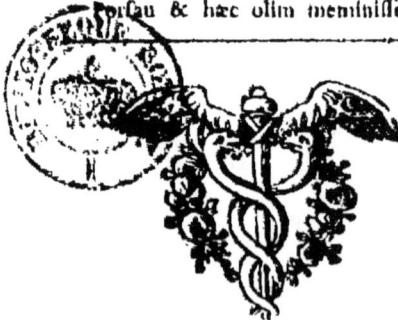

A PARIS,

CHEZ LESCLAPART, Libraire de MONSIEUR, Frere du ROI, rue du Roule, Nº. 11, près du Pont-Neuf, feul Dépositaire de tous les Ouvrages de l'Auteur.

1786.

ÉPITRE DÉDICATOIRE,

EN FORME DE DÉDICACE,

AU TRÈS-CHER ET FÉAL COUSIN

M. GRÉTRY.

AIR : *Il faut des ailes à l'Amour.* (a)

Au vrai génie, au vrai talent
Lorsque j'ose offrir mon hommage;
C'est l'hommage du sentiment.   *Bis.*
Votre œil, sans doute, en mon Ouvrage
Ne verra rien que d'imparfait. . . . ,
Au séjour des neuf Immortelles
Pour me voir voler tout d'un trait,
    Il faut me prêter . . . .   *Bis.*
   Il faut me prêter vos ailes.   *Bis.*

(a) Cet air est, de toute la Pièce, celui qui a été le plus goûté & le mieux retenu du Public; les paroles pour lesquelles il est fait, sont les plus analogues au sujet.

Nota. Le fieur LESCLAPART *continue de vendre la collection des premieres Folies du Coufin Jacques. C'est chez lui que l'on foufcrit pour les Lunes. On peut lui adreffer directement de la province fon abonnement, franc de port : il eft de 18 liv. pour Paris, & de 21 pour la Province. Il en paraît un Volume d'environ deux cent pages tous les mois. La feconde Année commence au treizieme Numéro, Lune de Juin 1786, qui paraît en Juillet. LESCLAPART vend la premiere Année complette, brochée, & reliée de quatre manieres différentes.*

P. S: Les perfonnes, qui voudront avoir le Portrait de l'Auteur à la tête de cette Comédie, en préviendront le fieur LESCLAPART ; ce Portrait eft du même format.

PETIT PRÉAMBULE,

Comme qui dirait

PRÉFACE.

Le 21 Mai 1786.

LA voilà, cette *Bagatelle*, qui m'est demandée par tout le monde. Elle n'a pas le sens commun; c'est un galimathias de mauvaises pointes, une rapsodie de rimes décousues, un mélange détestable de Vaudevilles & de Romances mal choisies, enfin, c'est une Piéce sans plan, une intrigue sans suite, un dénouement sans vraisemblance; c'est un fatras de vers soi - disant, qui n'a ni intérêt, ni chaleur, ni légéreté, ni grace, ni esprit, ni gaieté, ni délicatesse, &c.... C'est ceci; c'est cela; c'est pis encore que tout cela.... j'en conviens, je l'avoue, & j'en dis hautement mon *meâ culpâ*.

Il est vrai que cette misérable Piéce, qui n'en est pas une, a été applaudie, constamment applaudie, universellement applaudie depuis le premier vers jusqu'au dernier; que la plupart des Vaudevilles ont été demandés *bis*; qu'hier la neuvieme représentation a été encore plus goûtée

A 3

que la première ; il eft vrai que, plus on la donnera,
plus elle fera fentie ; il eft vrai qu'on a forcé (je
dis *force* & je dis bien) l'Auteur de paraître deux
fois fur la Scène ; il eft vrai que le Lundi, 5 Juin,
on a eu la bonté d'applaudir encore l'Auteur, qui
fe trouvait dans une loge quand la toile était baiffée,
que tous les vifages du Parterre, tournés vers lui,
lui ont fait appercevoir que c'était à lui que le
Public en voulait , & qu'effarouché , comme de
raifon, par cet excès d'indulgence, il s'eft fauvé
vîte & vîte ... &c ... &c ... &c ... mais tout
cela n'eft rien qu'une vanité rafinée de fa part ;
l'orgueil, l'orgueil inconcevable, dont l'Auteur eft
rempli, pénétré, imbibé, bourfouflé, &c .... a
caufé feul toute cette apparence de fuccès. Le Public,
qui ne le connaiffait que par fes *Lunes*, a eu beau
vouloir l'encourager ; le Public eft un mauvais
juge , un appréciateur ignorant. Le Coopérateur
d'un certain Journal s'y connaît bien mieux ; voilà
le juge par excellence ! voilà l'arbitre fouverain,
qui prononce fans appel, & qui démontre par un
trait de plume à toute la France qu'elle ne fait
rien, qu'elle ne connaît rien, & que tel ouvrage,
qu'elle approuve & qu'il n'a pas lu, n'eft bon qu'à

fervir d'enveloppes à l'Épicier ; que telle Piece,
qu'on applaudit & qu'il n'a pas vue, n'a rien
d'*agréable*, rien d'*heureux* ; qu'elle réuſſit ſans
réuſſir; que les *bis* & les *bravo* ne ſont que des
huées & des *brouhaha*; qu'enfin ſon ſuccès eſt le
ſynonime d'une chûte; car tout cela eſt fort clair.

Une réflexion qu'ont ſouvent faite les perſonnes
accoutumées au train des Spectacles de Paris, &
qui ſe préſente plus que jamais à mon eſprit,
depuis que je connais le Théâtre, c'eſt que ce
pauvre Public de province eſt bien ſouvent la dupe
des aſſertions vagues & capricieuſes d'un Ecrivain
mal intentionné. C'eſt ici le cas de rappeller une
comparaiſon que j'ai déjà faite quelque part, au
ſujet de certaines *Annonces.* Un Conteur de ſo-
ciété vient vous parler d'un pays que vous ne con-
naiſſez pas; il vous le décrit de façon que vous
êtes au fait préciſément de tout ce qui n'y exiſte
point. Si le haſard vous y mene, vous êtes très-
ſurpris de ne rien voir de ce qu'on vous y a dé-
peint; où vous vous attendiez à trouver un ro-
cher, c'eſt un étang; où vous penſiez voir un
pré, c'eſt un château, &c..... &c..... Jugez
comme les Lecteurs ſont bien inſtruits!.... dé-

A 4

viennent-ils fpeactateurs ? ah ! c'eft toute autre
chofe....

Je n'ai rien changé à ma *Piéce*.... à ma
Piéce ? ah! qu'ai-je dit là? difons tout au plus à ma
Bagatelle, & nous dirons mieux; je n'y ai rien
changé; elle eft ici ce qu'elle était fur le Théâtre
à la premiere repréfentation; j'y ai fimplement
remis une *Scène*, qui nous a paru, aux Comédiens
& à moi, faire longueur dans les répétitions, &
que nous avons fupprimée d'un commun accord,
quoiqu'elle fût paffée à la cenfure. C'eft la Scène
qui termine l'*épreuve* de l'*Amour* avec *Simon.* Il
m'a femblé, en voyant jouer les *Affes*, que le
paffage d'une épreuve à l'autre était trop brufque;
& plus de cent Spectateurs m'ont fait obferver
depuis, que ces deux épreuves devaient être moins
rapprochées; & la Scène, que j'avais imaginée pour
les féparer, eft, je crois, la plus neuve & la plus
comique de la piéce. Plufieurs Auteurs, bien connus
au Théâtre, avaient penfé, comme moi, que
l'Amour, donnant à un payfan des leçons d'a-
mour, était un perfonnage original; & les préten-
tions d'un villageois gauche, qui fait des vers fans
rime, n'auraient pas plus manqué leur effet que

tout le reste. Après tout, voilà ma Scène ; on en fera ce qu'on voudra .... qu'on la replace au Théâtre, ou qu'on l'omette, je n'en serai pas moins reconnaissant du zèle des Comédiens ; on remarque dans leur jeu, non-seulement toute la finesse, tout le naturel, toute la grace, tout le feu dont ils sont susceptibles, mais encore une manière affectueuse, qui annonce, je le dis avec joie, de l'amitié pour celui dont ils font valoir les productions.

Je ne puis mieux finir ce préambule qu'en citant, mot pour mot, une partie de l'article inséré dans le *Mercure de France*, du Samedi, *3 Juin 1786*, au sujet *des Aîles de l'Amour* ; nous espérons que cet article fera époque aux yeux des personnes qui s'intéressent à nos succès littéraires ; il semble en vérité que l'honnête, l'estimable Écrivain qui l'a fait, se soit entendu avec le Public, pour nous dédommager des petites tracasseries .... là .... on m'entend bien ; car je suis Auteur.

Je vois, je sens que cet article n'est fait que pour servir d'*encouragement* à ma plume ; c'est pour cette raison qu'elle se permet de le transcrire.

Extrait du Mercure de France , *N°. 22 , du Samedi , 3 Juin 1786 , à l'article* Comédie Italienne.

» On a donné, le Mardi 23 Mai, à ce Théâtre,
» la premiere repréfentation des *Afles de l'Amour*,
» Comédie en un acte, en vers & en vaudevilles.

» Simon & Jeannette ont de l'amour l'un pour
» l'autre ... &c ... , &c ...

» Le fonds de cette fable n'eft pas bien neuf;
» mais il eft traité d'une maniere neuve & très-
» originale. La gaîeté, la fimplicité, le goût,
» l'efprit, la grace & l'imagination fe fuccèdent
» tour-à-tout dans les couplets que chantent les
» différens perfonnages. On en a fait répéter plu-
» fieurs ; nous avons principalement remarqué celui
» où, fous le prétexte de faire le portrait de Vénus,
» l'Amour fait un compliment très-flatteur , très-
» fpirituel & très-galant à toutes les femmes qui
» font préfentes à la repréfentation. Il eft difficile
» de citer une fuite de madrigaux plus neufs, plus
» piquans & plus agréables ; le ton de l'Ouvrage
» varie fuivant le caractere des interlocuteurs ;
» Simon eft d'une naïveté très-franche & très-
» gaie ; Jeannette eft fenfible & maligne ; l'Amour

» est adroit, séduisant & voluptueux. Ces trois
» physionomies contrastent heureusement ensemble,
» & forment un tableau très-varié ; car on y trouve
» toutes les nuances, hors celles du genre sublime,
» qui y sont étrangeres.

» L'auteur est M..... connu sous le nom du
» *Cousin Jacques.* Peu d'Écrivains ont une ima-
» gination plus féconde, des idées plus fraîches &
» plus riantes. Nous l'invitons à se fâcher quelque-
» fois contre sa facilité ; ses productions en ac-
» querront plus de prix, & il forcera du moins
» au silence les gens qui n'aiment plus à rire.
» Parmi les vaudevilles, on a distingué de jolis
» airs nouveaux ; le plus grand nombre est de la
» composition du joyeux *Cousin,* qui a pour tous
» les arts un amour dont il sera payé par des succès.

» L'Ouvrage est fort applaudi ; il est très-bien
» joué. Mademoiselle *Desbrosses* est pleine d'intel-
» ligence & d'adresse dans le personnage de
» *Jeannette ;* la maniere dont Mademoiselle *Car-*
» *line* joue l'Amour, feroit sourire le Dieu à son
» image ; & M. *Trial* est, dans le rôle de *Simon,*
» aussi gai, aussi plaisant, aussi original que l'est le
» *Cousin* dans ses piquantes facéties.

PERSONNAGES.

L'AMOUR.	Mlle. Carline.
SIMON, *Payfan.*	M. Trial.
JEANNETTE, *Payfanne.*	Mlle. Defbroffes.
Une Grace.	Mlle. Meillencourt.
Un Payfan *à la tête des autres.*	M. Dufrefnoy.
Une Vieille,	Mme Lacaille.

Troupe de Nymphes & de Plaifirs.

Plufieurs Vieilles.

Troupe de Payfans & de Payfannes.

Les Ballets font de la compofition de M. FROSSART, Maître des Ballets de la Comédie Italienne. Il y en a deux, celui qu'exécutent les Plaifirs, au milieu de la Scène, & la *Sabottiere* de la fin. Tous les deux, mais fur-tout celui de la fin, font fort applaudis.

DÉCORATION.

La Scène fe paffe dans une Campagne ifolée. Le Théâtre repréfente une forêt, entrecoupée de rochers formant un amphithéâtre à perte de vue. A gauche, du côté de la Reine, eft la monticule fur laquelle Simon coupe du bois; à droite, du côté du Roi, eft un banc de gazon, fur lequel s'affeoit Jeannette en arrivant fur la Scène.

LES AILES

DE L'AMOUR,

COMÉDIE.

SCÈNE PREMIÈRE.

SIMON.

(Travaillant seul sur le haut d'une montagne.)

AIR *nouveau.* N°. 1.

1

Queuq'ça veut dire ?
Comme j'soupire !   *Bis.*
Je n'sçais point c'que j'ai d'puis queuq' jours ;
P'tet' ben qu'on m'aura joué queuq' tours.
    Mon cœur, qu'était tout d'glace,
    Sent un feu qui l'tracasse,   *Bis.*
        Ah !.... Il coupe du bois.
Ah ! j'crois qu'Jeannett' m'expliq'rait bien } *Bis.*
Si c'est qu'euq'chose ou si c'n'est rien.   }

2

Sans êt' malade,
J'fis tout maussade,   *Bis.*
C'est queuq'chose d'ben surprenant,
Q'd'et' com'ça tout je n'sçais comment !
Quoiq'sans cesse j'travaille,
J'vois q'je n'fais rien qui vaille !   *Bis.*
        Ah ! .... *Il coupe du bois.*   } *Bis.*
Ah ! j'crois qu'Jeannett' &c... &c....

3

Quand j'vois Jeannette,
J'fis quasi bête,   *Bis.*
Quoiq' dans l'fonds je n'manq' pas d'esprit....
J'crois tout d'mêm' que j'perds l'appétit ;
Je n'dors, ni n'bois, ni n'mange,
J'compt' ben q'mon visag' change ?   *Bis.*
        Ah ! .....   } *Bis.*
Ah ! .... j'crois qu'Jeannett' &c....

SCÈNE II.

SIMON, JEANNETTE.

JEANNETTE.

*Arrivant d'un autre côté, chante en ramassant du bois
au bas de la montagne, sans voir Simon.*

AIR : *Allez chercher fortune ailleurs, flatteurs ;* ou *De
conserver ainsi des noix, neuf mois.*

Tous les garçons de c'canton-ci,
    Parc'que j'fis étrangere,

M'faifont la cour, mais , Dieu marci !
Moi, je n'men fouci' guere'.
Défunt mon pere, en fon vivant,
P'm'dit , dit-il , ma pauvre enfant !
L'Amour
Pourrait queuq' jour
Te jouer d'un tour !
Garantis de c'ptit féducteur
Ton cœur.

SIMON. *à part.*

Comme al' vous eft fiare & cruielle !
Que j'foin' donc fots d'tant foupirer pour elle !

JEANNETTE.

Même air.

J'ons, d'puis c'temps-là de c'te leçon
Confarvé queuq' fouv'nance ;
Auffi je m' fâch', diez qu'un garçon
S'en vient m'fait' queuq' prév'nance !
Dam'! c'eft qu'i' faut voir queu' ton j'prends !
Comme j'vous rembat' les amants !
» Oui da !
» Les biaux mots q''vlà !
» J'n'entends pas ça ;
» Y allez charcher fortune ailleurs,
Flatteurs !

J'crois, moi, que j'naimons rien.... dam'! c'eft fin-
gulier, ça ;
Parfonn' du tout ; .... j'fentons pourtant ben là
(*Elle tâte fon cœur*)
Queuq'chos' qui m'dit qu'tôt ou tard ça viendra.

SIMON, *à part.*

Ah! j'crois ben q'ceft tout v'nu peut-être;
Mais n'difons mot;.... mon dieu! mon dieu! q'ça
vous eft traître!

JEANNETTE.

Quand j'dis q'j'aimons, c'n'eft pas q'jaimions déja;
J'fens ben queuq'chos', mais c'neft rien.... enfin, là...
Je n'peux pas ben expliquer ça.
Dans l'fonds, c'eft pourtant ben dommage
Q'pour garder la fageffe, i'faut qu'un' fill' foit fage.
Jarni! quand j'penfe à ça, j'enrage.

AIR *nouveau.* N°. 2.

1

C'que j'fçavons d'fcienc' ben certaine,
C'eft q'gnia-z-un queuq'zun
V'ars qui je n'fais quoi m'entraîne;
I' m' plaît comm' pas un!
Quand j' ne l'vois pas, ça m'chagreine,
D'mandez-moi pourquoi!....

SIMON, *la guettant toujours fans en être apperçu.*

S'rait c'ci mol?
J'n'en fais rien, mais je l'crois....

JEANNETTE.
Même air.

2.

J'fçais ben qu'i n' faut pas qu'i' l' fçache
D'crainte d' queuq' malheur;

Et qu'i' faut qu'eun' brav' fill' cache
C' qu'i' gnia dans fon cœur.
Auffi, diéz qu'i' m' pail', je m' fâche.....
D'mandez-moi pourquoi !

SIMON, à part.

S'rait c'il moi !   Bis.
J'nen fais rien, mais je l'croi !

Dans l'excès de fa joie, il laiffe tomber fa coignée.

JEANNETTE *fe retourne & l'apperçoit.*

Ah !

SIMON *au Public.*

J'li fais peur apparemment . . . .

JEANNETTE *au Public.*

C'eft li, c'eft li tout juftement. *Elle veut fe cacher.*

SIMON *criant bien haut.*

Oh ! parguenn' ! Mam'fell', je vous ons vüe.

JEANNETTE *à part.*

C'neft rien, s'i' n'm'a pas entenduë....

SIMON.

Ah ! v's avez bieau parler tout bas....

JEANNETTE *jouant l'étonnée.*

J'parlais ?

B

SIMON.

Oui, comme eun'fill', qui fent... c'qu'al' ne
fent pas....
Qui n'veut pas foupirer, qui ſtapendant foupire....
Enfin, là, qu'éprouvé un martyre....
Qu'al' n'éprouv' pourtant pas... T'nais vous n'voulai
pas l'dire,
Mais j'gag'rais ben q'vot' cœur chérit queuq'zun tout
bas?...
Hem? l'avons-j' ti d'vinai?

J E A N N E T T E.

Air nouveau. N°. 5.

1

C'ti-là q'j'aime au fonds d'mon âme
Eſt ben l'pus gentil garçon!
J'crais ben q', fi j'étions fa femme,
Il entendrait la raifon.
Auprès d'li mon cœur foupire!
Mais j'veux foupirer fi bas....
Qu'i' s'dout' prefque d'mon martyre,
Mais pourtant qu'i n's'en dout' pas.   *Bis.*

2

Même air.

Drèz l'matin, fu' c'te montagne,
Quand i' vient couper du bois,
Mon cœur le fuit, l'accompagne!
Sans et' avec li, je l' vois!
Auprès d'li mon, &c....

(*à part.*) Décampons.... Vot' ſarvante,
Monfieu' Simon; (*Elle s'en va.*)

SIMON.

Pour dieu! n'foyez pas fi maichante!
Mam'fell' Jeannette!

JEANNETTE *revenant*.

Eh bien? quoiq' vous m' voulez?

SIMON.

J'nos' pus; al' m'effarouche!

JEANNETTE.

Allons, voyons; parlez.

SIMON *couché fur le bord de ia pente, lui parle prefque à l'oreille*.

Dit' moi tant feul'ment l' nom d' celui q' vot' cœur préfère!....

JEANNETTE.

Si vous ne d'vinez pas, c'neft parfonn'; par ainfi....

SIMON, *bêtement*.

C'n'eft parfonn', Mam'felle?... ah! que fi...

JEANNETTE, *le contrefaifant*.

Ah! que non.... puis, d'ailleurs.... ça n'eft pas vot' affaire....

(*Elle s'en va.*) Adieu! monfieu' Simon; j'men va'.

SIMON.

Ah! Mam'felle! un p'tit moment! là....

Air de la Pastorale, (Contredanse.)

Al' s'en va'!

JEANNETTE, *avec un petit air mutin.*

Oui, je m'en va'.

SIMON.

Morguél je n'f'rons donc que d'y'eau claire.!
Al' s'en va !

JEANNETTE.

Oui, je m'en va'....

SIMON *veut descenare.*

Courons vîte, & rattrapons-la.

JEANNETTE *veut l'empêcher.*

Restez....

SIMON.

Non non.

JEANNETTE.

Restez-en là)
B'ra bén habil', qui m'attrap'ra.....

SIMON, *au désespoir.*

Al' s'en va'!

JEANNETTE, *sortant avec son fagot sur sa tête.*

Oui, je m'en va'....

SIMON.

Jar'ni! com' ſon ton m'défaſpere!
All' s'en va!

JEANNETTE, *dans la couliſſe.*

Oui, je m'en va'....

***

SCÈNE III.

SIMON *ſeul, deſcend vîte de la montagne, & s'arrête tout court au beau milieu de l'avant-ſcène.*

MAis! la belle avance que v'la !
Quand on pleur'a ,
Qu'on s'déſol'ra !
Dam'! faut ben ɛtoit' qu'on ſe r've!....
Al' s'en va!
Al' me plant' là !
Pauv' Simon! comment q'tu vas faire?
Al' s'en va!
Comment qu'on f'ra
Pour s'tirer de c't embarras là ?

A queu' ſaint q'j'aurai recours?... on n'ſe fait point d'ſoi-même ;
J'avons d'l'amour, mais, mais bieaucoup....
Ça m'eſt v'nu com'ça tout d'un coup.
Alle a bieau dire ; i' faut qu'al' m'aime,
D'abord ;... j'vois ben c'que c'eſt... c'eſt qu'alle a peur du loup.

B

AIR : *Jeune Philis, j'abandonne ces lieux.*

Al' n'dit pas oui, mais al' n'a pas dit non,
Quand un tendron
Tn tient pour un garçon,
Gnia dans son r'gard toujours queuq'embarras ;...
Pt'e' ben qu'al' m'aime & qu'al ne l'dira pas !

2

Même air.

Si queuq' forcier passait par ce canton,
J'li d'manderion'
D'm'expliquer eun' raison :

(Il se met à genoux, comme pour implorer le forcier.)

» Monfieu' l'forcier ! tirai-moi d'embarras !
» Pt'e' ben qu'al' m'aime & qu'al' ne l'dira pas.

SCÈNE IV.

L'AMOUR, SIMON.

L'AMOUR *arrive d'un pas leste & d'un petit air fat ;
il tient son arc à la main ; son costume élégant doit
contraster avec la grossière enveloppe de Simon ; celui-ci
ouvre de grands yeux, & se sauve dans un coin, d'où
il le considère attentivement.*

AIR : *Des Commis de la barrière.* (Contredanse.)

JE suis content de moi ;
J'ai soumis, je le voi,
Tout à ma loi.

Déjà tous les mortels
« M'érigent des autels.

❦

A mon pouvoir invincible
Nul séjour inaccessible ;
Par-tout j'ai banni la paix ;
Par-tout j'ai lancé mes traits....

❦

Je suis content, &c....

❦

Dans mon vol trop précipité
Je me suis égaré ; mais de quelque côté
    Que m'ait conduit cette route incertaine,
Je suis encor, je gage, aux lieux de mon domaine.
    (*Il apperçoit Simon.*)
Ha! ha!... qu'est-ce que j'apperçoi?

SIMON, *à part.*

M'est avis q'ç'est comme un fantôme....

L'AMOUR.

Approchez, mon ami.

SIMON.

            Qui? moi?
J'n'approchrais pas pour un royaume.

L'AMOUR.

Je vous cause de la frayeur?

SIMON, *tournant son bonnet dans ses mains avec*
un air d'embarras.

Non, monseigneur… non, monseigneur…
J'nai pas peur; mais….

L'AMOUR.

Mais?

SIMON.

C'est que j'tremble….

(*D'un ton plus ferme.*)

Oh! moi, j'nai jamais peur de rien ;
Quand on n'se connaît pas, faut voir si l'on s'convient…
C'est q', voyai-vous… dam' ı c'est qu'i' m'semble…
Q'vot' tournur'…. j'vous d'mand' ben pardon !
T'nai, si vous vouliái m'dir' vot' nom ?

L'AMOUR.

AIR : *Je suis une jardinière;* dans l'Opéra de la *Fête*
du village, par M. GOSSEC.

Je suis le dieu du mystère ;
Je suis le roi des amants.
D'une discrette bergere,
Je reçois tous les sermens.
Je connais l'objet qu'on aime ;
On ne peut l'aimer sans moi.
Tout ici, jusqu'à toi-même,
Tout est soumis à ma loi.

SIMON, *toujours à une certaine distance.*

AIR *nouveau.* N°. 4.

Vous croyez q'par ces bieaux mots là
Je m'lais'rai prendre ! ah ! que nenni dà.   *bis.*
Sans barguigner, dit' moi vot' nom.
Est-c'que j'sçavons alan d'vot jargont   *trois fois.*
Ha ! ha ! ha !
Que j'n'entends pas ça !
Ho ! ho ! ho !
Q'je n'fis pas si fut !   *trois fois.*

L'AMOUR.

AIR ; *Je suis une jardiniere.*

C'est moi, qui d'un seul coup d'aile
Embrase tout de mes feux ;
C'est moi, qui d'un cœur fidele
Couronne les tendres vœux.
Une tristesse profonde
A des charmes sous ma loi ;
Il n'est de plaisirs au monde
Que ceux qu'on goûte avec moi.

SIMON.

AIR. N°. 4.

J'vous dis q'je n'vous compernons pas
Avec tout vot' galimathias,   *Bis.*
Vous avez bieau m'fais' ces yeux-là ;
J'n'en appre.. 'tons pas pur pour ça.   *trois fois.*
J. ! ha ! ha !
Que j'entends, &c.....

L'A M O U R, *à part.*

Sa défiance me fait rire.

S I M O N.

Oh! monfieu', vous avez biéau dîre.....

L'A M O U R, *d'un ton plus engageant.*

AIR *nouveau.* N°. 5.

Puis-je parler autrement ?
Me nommer plus clairement ?
Je fuis l'Amour, c'eft l'Amour même,
Approche donc & ne crains rien ;
Adore le pouvoit fuprême
D'un Dieu, qui ne fait que du bien.   *Bis.*

S I M O N.

Ah! c'eft vous qu'er' l'Amour ! fallait donc !'dir' pus
vîte ;
    Eft-c'qu'on peut d'viner ça tout d'fuite ?
Mais dit' moi, s'i vous plaît, pourquoi les ail' que v'là ?
J'n'ons point vu d'homme encor fait de c'te magnier'-là.

L'A M O U R.

AIR *nouveau.* N°. 6.

1

Il faut des ailes à l'Amour,
Non qu'il foit léger, ni volage,
Mais pour le foutien de fa cour.   *Bis.*

Vouloir lui ravir fon plumage,
C'eft décourager les amants.
Pour voler auprès de leurs belles,
Pour hâter des moments charmants,
    Il faut leur prêter . . . .   *Bis.*
    Il faut leur prêter mes ailes.   *Bis.*

Si, dans l'inftant du rendez-vous,
Il faut échapper à l'orage,
Et tromper les regards jaloux;   *Bis.*
C'eft le fecours de mon plumage
Qui favorife les amants,
Pour calmer des beautés rebelles,
Pour voiler des plaifirs charmants,
    Il faut leur prêter ; . . .   *Bis.*
    Il faut leur prêter mes ailes.   *Bis.*

S I M O N.

Voyagez-vous tout feul?

L'A M O U R.

Non; je mène à ma fuite
Quelques-uns de mes gens. Par un figne, au befoin,
Près de moi je les mande; &... vîte,
On les voit accourir, car ils ne font pas loin.

S I M O N.

Ah! ah!... mais, drèz q'c'eft com'ça, j'penfe
Q'vous d'vez etre un Dieu d'conféquence.

SCÈNE V.

Les Acteurs précédents, JEANNETTE, *sur le haut de la montagne.*

JEANNETTE.

J'M'EN allions pour que c'benais là
M'rattrapît en courant ; exprès j'n'allions pas vite.
Vraiment ! pour l'agacer j'avais bieau prend' la fuite !...

(*Elle voit Simon.*)

Mais ! mais !... aveuc qui que l' voila ?

SIMON.

Vous dit' q'vous sçavez tout ; dit'-moi l'nom d'cell'
que j'aime ;

L'AMOUR.

Jeannette.

SIMON, *tout stupéfait.*

Eh ! morgué, c'est ell'-même !
Mais !... est-c'qu'all' m'aime ! tout à dit' moi ça ; c'est affai.

L'AMOUR, *mystérieusement.*

Ceci, c'est un secret.

SIMON, *bêtement, son bonnet à la main.*

Me v'là ben avançai !...

Queu' diant'!... monfieu' l'Amour! de grace!
Là; j'vous en pri'! mettai-vous à ma place;
Et puis voyai fi c'neft pas guignonant
D'gémir com' ça d'puis....

L'AMOUR, *d'un ton lefte & goguenard.*

de la patience,
Mon cher; ce n'eft encoi qu'un toutment qui commence.

SIMON, *avec bonhomie & trifteffe.*

AIR : *Ahi ! ahi ! ahi ! Jeannette!*

I

Dièr l'matin, en y penfant,
Quand j'voulons m'mett' à l'ouvrage,
Surpris de c'que mon cœur fent,
J'm'écrie, en pardant l'courage :
    Ahi! ahi! ahi !
Ahi ! ahi! ahi! Jeannette! Jeannette! ahi! ahi! ahi !

(*Jeannette; dans l'enfoncement, s'écrie :*)

Ahi ! ahi ! ahi !

SIMON.

2

Et pis, drèz que j'l'apperçois,
Voyant je n'fais quoi qui bouffe...
Voyant fon gentl' minois,
J'fens quafi qu'l'Amour m'étouffe ;
    Ahi! ahi! ahi !
Ahi ! ahi! ahi! Jeannette! Jeannette! ahi! ahi! ahi!

L'AMOUR.

Vous voulez de Jeannette être bientôt l'époux.
Elle n'a qu'à ne pas vouloir de vous?...

SIMON, *remettant vîte son bonnet.*

J'n'aurons plus rien aut' chose à faire
Que d'rester garçon comm' mon pere.

L'AMOUR.

Vous seriez donc insensible aux attraits
De tout autre objet que Jeannette ?

SIMON, *s'éloignant.*

J'vous l'ai déjà dit, j'vous l'répete :
J'n'en aim'rons jamais d'aut' ; jamais, jamais, jamais !...

L'AMOUR *le rappellant.*

Simon !

SIMON *raccourant.*

Monsieu' l'Dieu !

L'AMOUR, *à part.*

Bon ; voyons s'il est sincere....
Songez bien au serment que vous venez de faire !

(*Il fait un signe.*)

SCÈNE VI.

*Les Acteurs précédents, une Grace, des Nymphes &
des Plaisirs.*

(*Jeannette observe tout, sans être vue de personne.*)

Une Grace, *montrant l'Amour à Simon.*

AIR *nouveau.* Nº. 7.

Voici l'aimable objet, auquel tout rend les armes!
Le Dieu, que nous cherchons, se vient offrir à nous. *Bis.*
On sent, à l'aspect de ses charmes,
Un plaisir, un plaisir bien doux! } *Bis.*

*Pendant cet air, les Nymphes exécutent des danses
expressives, & font des agaceries à Simon, qui se frotte
les yeux & recule d'étonnement.*

SIMON.

Queu' sorcier d'tour? est-c' que j'som' enchantai?

JEANNETTE, *avec dépit.*

Oh! j'vois ben qu'i'gnia pas d'quoi rire;
Tout' ces bieautés n'v'nont là q'pour afin de l'séduire;
J'n'ons qu'un amant; on veut m'l'ôtai!....

La même Grace.

AIR : *Toutes ces meres, toujours séveres.*

De la tendresse
Goûtons l'ivresse;

Il n'eſt qu'un bien, c'eſt de plaire & d'aimer.
L'eſprit n'eſt rien ; le cœur ſeul intéreſſe;
Le vrai talent, c'eſt celui de charmer.

(*Montrant Simon.*)

Un imbécile
Devient habile;
Il eſt ſavant, s'il ſe laiſſe enflammer.

(*à l'Amour.*)

Dieu plein d'attraits !
Lance tes traits !
Les plus cruels ſont encor des bienfaits !

De la tendreſſe
Goûtons, &c. . . . . .

*Les Ballets continuent pendant cet air, & varient ſelon
les mines de Simon.*

S I M O N *à l'Amour.*

Ah ! j'vois ben, Monſeigneur, q'vous en ſçavez long ;
diante' !
Com' ça vous eſt joli ! com' ça vous chante !

J E A N N E T T E.

Queu' chien d'enſorcel'ment ! m'eſt avis q'ça vous
l'tente. . . .
J'n'ois q'faire ici ; c'eſt pourquoi que j'm'en va' !
Monſieu' l'volage ! adieu ! j'ſis vot' ſervante !
J'vois qu'i' donn' dans l' pagnicau ; morgueune ! i' me
l' paira.

(*Elle ſort.*)

Scène

SCÈNE VII.

Les Nymphes recommencent à danser leur Ballet panto-
mime sur l'air précédent : De la tendresse, &c.

SIMON, *tout émerveillé.*

AH! si Jeannett' voyait tous ces biaux Plaisirs là,
Al' n'rougirait pas tant, quand j'li parlons, oui dà !....
   Com'ça vous fait des cabrioles !

(*Il se rapproche de la première Danseuse, & la serre des*
deux mains.)

C'est genti' pourtant, ça ; ça vous est fait au tour !...

   (*Il se recule tout-à-coup.*)

Mais vous n'parviendrez point à m'fait' changer d'a-
   mour ;
Oui dà ! vous avez biau m'conter des gandrioles !...
   Mon cœur est pris ; i' n'se prend pas.

L'AMOUR, *à part.*

Il est constant, mes soins sont superflus.

(*Il fait un signe, & tout disparaît en dansant,*
sur l'air : C'est la mere Eustache.)

C

SCÈNE VIII.

L'AMOUR, SIMON.

SIMON, *regardant autour de lui.*

EH ben? gnia pus parfonne!... adieu donc, mes d'moifelles!

(*à l'Amour.*)

Tout c'régiment d'beli' dame'... hem?... l'v'la pourtant parti?

Mais j'navions qu'à fentir un p'tit queuq'chos' pour elles?...

Morguenne! j'ferions ben lotti'?...

L'AMOUR.

AIR *nouveau.* N°. 8.

J'vactée la conftance;
Jeannette aura fon tour.
Je veux en ta préfence
L'éprouver en ce jour.
Cache-toi fous l'ombrage,
Dès que tu l'entendras,
Témoin difcret & fage
De ce que tu verras.   *Bis.*

SIMON.

Même air.

Matei d'vot' complaifance;
Vous avez trop d'bontai....

Mais fur-tout d'la prudence!
N'faut pas trop la tental.
Songez q', dièz q'c'eft un' femme,
All' peut faire un faux pas.
Quoique j'compt' fur la flamme....
Morgué! je n'm'y fi' pas.... *Bis.*

L'AMOUR.

Repofe-toi fur moi du foin de ton bonheur;
Il eft en bonnes mains.

SIMON.

C'eft pour moi ben d'l'honneur. (*a*)

(*Il veut s'éloigner; l'Amour le retient.*)

L'AMOUR.

Mais, un inftant encor!... Je fuis jaloux d'apprendre...
Quand tu veux à ta belle exprimer ton ardeur,
Là... je voudrais bien voir comment tu fais t'y prendre.

SIMON, *fe frottant le menton avec un air myftérieux.*

Ah!... quoiq'ça, j'my prenons d'eun' çartain' fa-
çon... là;
Car j'vois ben q'vous m'pernai pour un bénais, oui dâ!
Mais, quand près d'eun' jeun' fill' on s'fent quenq'
accôintance,
L'pus nigaud n'l'eft pas tant qu'on l'penfe.

_____

(*a*) Tout ce qui fuit, jufqu'à la neuvieme Scène, eft paffé fur le
Théâtre.

C 2

L'AMOUR.

N'as-tu pas effayé pour elle un compliment ?
Car enfin ! quand on eft amant....

SIMON.

Si fait ; gnia pas long-temps q'je m'foin' creufé la tête
Pour l'i faire un' chanfon, tout drèz l'jour de fa fête.

L'AMOUR.

Une chanfon ? voyons, voyons-la donc....

(*à part.*)

Je fuis jaloux de voir des vers de fa façon.

SIMON.

Ça n'eft pas fi mauvais.... ça n'a pas c'ton d'la ville ;...
Pas moins gnia d'la tournure ; & faut et' difficile
Pour ne pas trouver ça gènti ;....

L'AMOUR.

Parle ; allons ; je t'écoute.

SIMON, *fredonnant.*

Hem... j'm'en r'fouviendrai-ti ?

AIR : *Vous enflammez, & pour long-temps.* (du Droit
du Seigneur.)

(*Il chante ceci avec l'air du monde le plus férieux.*)

Vous avez l'minois fi plaifant
Qu'en rit, drèz qu'on vous r'garde.

Tout chacun, voyant c't air fi doux,
Vous prend pour un' p'tit' vierge.
Dam' ! c'eft pour ça que j'fom' vot' amoureux.
M'amfelle !   trois fois.
Gnia je n'fais quoi fous vot' mouchoir....
C'eft fi genti q'ça m'tente.

Eh ben ? c'eft-ti du bon ?

L'AMOUR, _à demi-voix._

La rime n'eft pas... riche...

SIMON.

Quoiq' vous parlai d'la rime ?

L'AMOUR.

Il eft bien, ton couplet ;
Plein de grace & d'efprit....

SIMON, _fe rengorgeant._

D'l'efprit ?... j'n'en fom' pas chiche.

L'AMOUR.

Mais il ne rime pas...

SIMON.

Pourquoi ça, s'i' vous plaît ?
Car, pufq'c'eft un' chanfon, faut pourtant bian q'ça
rime ?...

L'AMOUR, *sèchement.*

Cela ne rime pas, te dis-je…

SIMON, *se grattant le front.*

Ah! c'est donc ça
Q'j'avons laissé la rime à l'aut' couplet que v'la:
C'est ici que j'li peins l'amiquié d'mon estime.

Même air que le précédent.

Quand j'vous ons vû', j'ons dit : « la v'la !
» Morgué! qu'alle est bell' fille !
Mon cœur a fait tic, tac, tic, toc;
J'ons trouvé ça ben drôle.
Cat, c'nai, pour moi, j'vous l'avou' tout bonn'ment ;
Mam'selle !   trois fois.
J'soupirons difficil'ment, car
J'n'ons jamais eu l'cœur tendre.

Eh ben? ça rime-t'il?

L'AMOUR, *ironiquement.*

Autant que le premier.

SIMON, *presque fâché.*

Quea' diable!… en et' vous sûr?

L'AMOUR, *en riant.*

Il va me le nier!

AIR nouveau. N°. 9.

1.

Mon enfant, voulez vous m'entendre ?
Profitez bien de ma leçon.
Un Berger vrai, sensible & tendre
S'exprime sur un autre ton.
Dans l'art d'aimer je suis bon maître ;
Je dois, ce semble, m'y connaître.

} Bis

2.

Combien de gens, que cette place
Mettrait au comble de leurs vœux !
Qui, s'ils étaient à votre place,
Guériraient d'un martyre affreux.
Dans l'art d'aimer je suis bon maître ;
Je dois, ce semble, m'y connaître.

} Bis

Oh qu'il faut un autre art pour séduire une belle !
C'est par de jolis riens, par un air langoureux,
Par ce je ne sais quoi... là... ce ton doucereux,
Qui pénètre le cœur..... Veux-tu triompher d'elle ?
Écoute-moi ; voici ce qu'il faut lui chanter ;
Retiens bien ces couplets.... & , pour mieux profiter
        De la leçon que je te donne,
Supposons un instant que je suis l'amoureux,
Toi, la belle...

SIMON, *ouvrant de grands yeux.*

Qui ? moi ?

L'AMOUR.

                Oui, toi-même en personne.
J'arrive ; avec dédain tu détournes les yeux ;

J'implore ta bonté !... toi, tu fais la cruelle !
J'accuse ta r'r'r'rigueur ; je gémis !... tu te rends,
Mais par dégrés ; tu vois...

SIMON.

Oui, c'eft bon ; j'vous comprends.

L'AMOUR, *fe difpofant à jouer fon rôle.*

Es-tu prêt ?

SIMON, *prenant des attitudes gauches.*

Allons, oui ; m'y voilà ;... j'fais la belle.

L'AMOUR, *arrivant de la couliffe, chante d'un ton paffionné.*

AIR : *Tandis que tout fommeille.*

Bergere aimable & fage,
Agréez mon ardeur !
Permettez à mon cœur
D'offrir un tendre hommage
A vos appas !
Ne foufflez pas
Que votre amant gémiffe !

(*Simon tourne fes regards trop brufquement vers l'Amour, qui lui pouffe le vifage de l'autre côté, pour lui marquer qu'il n'eft pas encore tems de fe rendre.*)

Couronnez l'efpoir enchanteur
Qui me préfente le bonheur !
De votre bouche un mot flatteur
Finira mon fupplice !

DE L'AMOUR.

SIMON.

Ah! qu'c'eſt bieau!... j'ny comprenons rien;
Mais c'eſt bieau!... faut ty m'rendre à c'theure?

L'AMOUR.

Pas encore; obſerve-moi bien.
Je tombe à tes genoux; je pleure;
Alors, ſenſible aux larmes d'un amant,
Tu ſouris... là... bien tendrement.

Même air que le précédent.

(*Le jeu recommence.*)

Ne ſoyez point rebelle
Aux vœux d'un tendre amant!
Quoi! malgré mon tourment,
Vous faites la cruelle!
Ah! ſouffez!
Car à vos pieds (*Il tombe aux genoux de Simon.*)
Conſtamment je demeure!
Des flots de larmes vont pleuvoir!
Daignez donc me faire ſçavoir
S'il faut nourrir un doux eſpoir....
Ou s'il faut que je meure!

Retiens bien ces deux couplets-là.

SIMON.

Je n'pourrons jamais dir' tout ça.

SCÈNE IX.

Les Acteurs précédents, troupe de Paysans & de Paysannes qu'on entend d'abord dans le lointain.

UN PAYSAN.

Air : *Au jardin de mon pere.* (Ronde flamande.)

1

Les garçons du village...
Ah! quen' plaisir !

Tout le Village *répéte.*

Les garçons, &c.

LE PAYSAN.

M'nont les fill' dans l'boccage....
Tra dé la ; tra dé ra la....
Sous des barceaux d'feuillage
Pour afin de s'bian divattir.

Tout le Village *répéte.*

M'nont les fill', &c.....&c.....

L'AMOUR.

Qu'est-ce qu'on entend là?

SIMON.

C'est qu'i' r'v'nont d'leu't-ouvrage;
Voyez com' c'est joyeux! com' ça fait du tapage!

LE PAYSAN, *paraissant sur la Scène.*

2

J'suis auprès d'eun' fillette,
Ah! queu' plaisir!

Tout le Village *répète.*

L'suis auprès, &c....

LE PAYSAN.

On li dit : « Ma poulette
» Ta la la la, ta la la la....
» Vous n'et' si gentillette
» Q'pour afin d'vous bian divartir.

Tout le Village *répète.*

On li dit : &c....

Le Paysan *descend de la montagne, tenant sa Paysanne
sous le bras, tout le Village en fait autant.*

3

Quand j'vous voyons, bargère,
Ah! queu' plaisir!

Tout le Village *répète.*

Quand j'vous voyons, &c....

LE PAYSAN.

J'désirons ben d'vous faire....
Ta la la la, ta dé sa la....

Sentir que l'doux myftere
En l'moyen de s'bian divartir.

Tout le Village *répète.*

J'défitons, &c,

Les Payfans, au bas de la montagne, relevent des fagots, qui font préparés en tas ; les Filles badinent & folâtrent avec les garçons ; Chaque Berger, après avoir pris fon fagot, aide fa Bergere à fe charger du fien ; pendant ce jeu, une Vieille chante ce qui fuit :

AIR : *Les Gens qui font jeunes, jeunes, pourquoi dorment-ils.* (Ronde flamande.)

LA VIEILLE.

I

C'eft la mere Euftache ;
Fill', accoutai fes farmons !

Plufieurs Vieilles *répétent.*

C'eft la mere Euftache, &c....

LA VIEILLE.

Pour afin qu'on l'fache,
J'vous avertiffons,
Tendrons,
Q'n'faut pas qu'un' fill' s'amourache,
Com'ça des garçons.

Plufieurs Vieilles *répétent.*

Q'n'faut pas qu'un', &c....

LA VIEILLE.

1

Pour afin qu'on' l'fache
J'vous avertiffons,
    Tendrons,   *Les Vieilles réplient.*
Q'quand un' fill' s'attache,
Faut q'ça foit à d'bons
    Lurons ;
Mais n'faut pas qu'un' fill' s'amouracho,
Coin'ça, &c....

LES VIEILLES.

N'faut pas, &c....

LA VIEILLE.

3

Q'quand un' fill' s'attache,
Faut q'ça foit à d'bons
    Lurons,   *Les Vieilles répliens.*
Souvent un homme cache
D'laids défauts fous d'bell' façons ;
    N'faut pas, &c....

LES VIEILLES.

    N'faut pas qu'un' fill', &c....

Ici, un Payfan apperçoit l'Amour, & le fait appercevoir aux autres ; ils le regardent tous avec des yeux étonnés ; l'Amour veut avancer de leur côté, & ils s'enfuient tous, comme faifis d'épouvante, portant leur fagot fur leur tête.

SCÈNE X.

JEANNETTE, L'AMOUR, SIMON.

Jeannette arrive par un sentier écarté ; elle a les yeux baissés ; un air triste & rêveur.

SIMON, *bêtement.*

Monseigneur! v'là Jeannette ell'-même!
Ah! Monseigneur! c'est cell' que j'aime.

L'AMOUR.

Allons donc, vîte; entre dans ce bosquet.
Je vais l'entretenir, je vais faire une épreuve

(*à part.*)

Qui probablement sera neuve.
Ecoute; mais sur-tout point de geste indiscret.

Simon se cache de manière qu'il est vû en partie par le Public.

SCÈNE XI.

L'AMOUR, JEANNETTE.

JEANNETTE, *encore fur la hauteur, fe croyant
feule.*

Air: *Un jour la petite Colette.* (1)

1

J'crois que l'Démon d'la jaloufie
Voudrait jafer au fonds d'mon cœur,
D'puis queuq' moments j'fom' pourfuivie
D'un certain mal ; & ça m'fait peur.
Prendre un foupçon d'queuqu'un qu'on aime,
C'eft gâter tout l'plaifir qu'on a !
La pauv' Jeannette, al' n'eft pus d'mêmes ;
Tant q', fi ça dure, alle en mourra....
            C'eft sûr'ment ça ;
        Je l'fentons là. *Elle porte la main d fon cœur.*

2

J'avons toujours dans la mémoire
C'maudit forcier, qu'eft fi méchant !
Il a sûr'ment là dans l'grimoire
Pour m'enlever mon pauvre amant.
Tous ces jeun' gens ont l'cœur volage !
Sotte eft c'telle l' qui s'y fia !....

---

(1) Cet air eft de Mlle. *Lucile Grétry*, la cadette. Il eft noté
dans le *neuvieme N°. des Lunes*, fur des paroles du *Corfin*, qui
commencent par ces mots : *Un jour la petite Colette, tout en
fleurant, dit à Colin.*

Eun' pauvre fille hélas! enrage....
Gnia q'du dépit à gagner là;
C'eft fûr'ment ça,
Je l'fentons là.　*Elle tâte fon cœur.*

Quoiq'ça l'i fait, qu'i' m'aime ou non?....

(*Elle l'apperçoit*)

Mais l' v'là.... fi j'allions l'joindre & li d'mander
raifon
Du mauvais tour qu'i' m'joue?... oh! n'faut pas que
j'm'y fie.

L'AMOUR , *fe promene en bas & jouit de fon embarras.*

(*à part.*)

Elle voudrait defcendre.

J E A N N E T T E , *à part.*

I' s'fait paffer pour Dieu.
Mais, d'et avec li dans l' mem' lieu,
Oh! ça s'rait être, j'penfe, en mauvais' compagnie.

L' A M O U R, *à part.*

Mes aîles lui font peur.

J E A N N E T T E, *à part.*

Il eft joli garcon;
Mais quoiq'ceft qu'on dirait d'li voir com' ça des aîles?
Cet habit là n' nous promet rien d'bon....
J'voudrais pourtant fçavoir quoic'qu'il a fait d'Simon.
J' grillons d'en apprend' queuq' nouvelles.

Comme

(*Comme par un retour de frayeur.*)

Il l'a peut-être escamotai !
Comme i' me r'garde !... ah ! Dieu ! j'crois qu'i va
m'enchantai.

L'AMOUR, *l'appelle d'en bas, & lui tend les bras*
d'un air engageant.

AIR : *Jeune cœur simple & timide.* (dans l'Opéra
de la *Fraïscatana.*)

Approchez, enfant timide !
Ce qui cause votre effroi,
C'est l'Amour, c'est votre guide ;
Dont vous chérissez la loi.

JEANNETTE.

AIR : *Résiste-moi, belle Aspasie.*

Nenni, monsieu', tout vot' beau dire
N'me f'ra pas déranger d'un pas.   *Bis.*
Nenni, monsieu', j'n'approch'rons pas ;
Je m'défi' d'vot' malin sourire,
C'minois si fin, cès yeux fripons,
Ça m'dit q'vous et' un bon apôtre,

(*En regardant ses ailes.*)

Mais, près d'un homm' quand j' m'approchons,
J'voulons qu'i' soit...fait comme un autre. *Bis.*

L'AMOUR.

AIR : *Jeune cœur simple & timide.*

Approchez, & que mes ailes
Ne vous effarouchent pas,
Un plumage est pour les belles
Un nouveau surcroît d'appas.

D

JEANNETTE.

Qu'eſt d'venu c' pauv. Simon ?

L'AMOUR.

Ce qu'il eſt devenu ?
Venez ; vous le ſaurez , car il n'eſt pas perdu.

JEANNETTE.

Vous n'me f'rez donc pas d'mal ?

L'AMOUR.

Moi !

JEANNETTE.

Vrai ?

L'AMOUR.

Je vous le jure.

JEANNETTE *deſcendant.*

Faut-ti' tabler com' ça ſu' l'dit' d'un inconnu ?

(*L'Amour veut l'approcher.*)

N'm'approchez pas d'ſi près ; tant pus j'vois vot'
tournure,
Tant pus je m'défi' d'vous.

L'AMOUR.

Ne craignez nullement,
Car je veux avec vous caufer tranquillement....

(*Il lui prend la main.*)

Vous aimez donc Simon?

JEANNETTE, *malignement.*

Ah! ça vous plaît à dire,
Monfieu'; & tant s'en faut!

SIMON, *étonné dans fon coin.*

Bon!...n'va-t-ell' pas s'dédire?

L'AMOUR.

AIR *nouveau.* N°. 10.

Vous foupirez pour un volage;
Vous vous flattez d'un vain efpoir. *Bis.*
Quand un amant devient peu fage,
Le changement eft un devoir. *Bis.*
Il vous aimait, je veux le croire;
D'autres objets l'ont enchanté,
Ont effacé de fa mémoire
L'image de votre beauté. *Bis.*

JEANNETTE *à part.*

Ça pourrait ben êt' vrai; pas moins, je n'crois pas ça.
Faut tâcher de l'voir v'nir; c'eft queuq' tour qu'i'
m'jou'-là.

D 2

Même air.

> Monsieu', si mon amant m'oublie,.
> Ah! j'f'çaurons ben en faire autant;   *Bis.*
> Et, pour passer ma fantaisie,
> J'f'çaurons ben prendre un autre amant.   *Bis.*
> A la vill' comme à la campagne,
> Du mem' train nos amours marchont;
> Nous jouons toujours à qui perd gagne,
> Quand notre amant nous fait faux bond.   *Bis.*

L' A M O U R, *d'un ton affectueux.*

Je veux votre bonheur....

J É A N N E T T E, *embarrassée.*

> T'nais vot' ptit air malin....
> Oui, gnia dans ces yeux-là tout plein d'supercherie;....

L' A M O U R, *d'un petit air hipocrite.*

De la supercherie?... ah!...

J E A N N E T T E *au Public.*

> Comme i' fait l'calin!...
> I' vient là tortiller... préparer queuq' fourberie...
> M'allambiquer l'esprit su' l'compt' de c'pauv' Simon...
> Si gnia queuq'zun qui m'cherche noise,
> J'crais ben que c'n'est pas li;... vot' meine est ben
>   foutnoise,
> Monsieu'!... vous m'avez l'air... d'être... un p'tit
>   brin... fripon...
> Je n'me connaissons pus;... semble à voir q'vot' visage

Port' malheur à fon voifinage ;...
Tant q'je n'fçais pus fi j'aime, ou non...

(*Avec dépit.*)

C'eft un' fottis' d'aimer....

L' A M O U R, *vivement.*

·D'aimer?..ah! ah! ma chere!
Pouvez-vous bien penfer?... Tenez, à ce fujet
Je me rappelle un certain vieux couplet
Qu'autrefois me chantait ma mere.
Ecoutez-bien ; c'eft un couplet ufé,
Avec lequel on m'a bercé.

AIR *nouveau.* N°. 11. (1)

*Il chante ce couplet, affis fur le banc de gazon, tenant
par le bras la Bergere, qui fe tient debout, détourne
fes regards de deffus lui avec un petit air boudeur,
& qui cependant fe retourne qaelquefois, pour laiffer
tomber fur l'Amour un clin d'œil paffionné.*

La volupté tendre & pure
N'exifte pas fans l'Amour.

---

(1) L'air fur lequel Mlle. Carline chante ce couplet, eft le
fecond des deux qui font notés fur les mêmes paroles à la fin de
ce Volume. Il a été fait d'abord, en même temps que les paroles.
L'autre air, celui qui eft noté le premier, eft le nadim ancien ;
mais, felon moi & felon tous les amateurs, il eft bien plus frais,
bien plus agréable & bien plus expreffif que fon camarade. Au
refte, on eft libre de choifir.

D ij

En même temps la Nature
A tous deux donna le jour.
Le plaisir de la tendresse
Vaut lui seul tous les plaisirs;
Le bonheur n'a point d'ivresse,
Sans l'ivresse des desirs.   *Ris.*

JEANNETTE, *le regardant tendrement.*

Madam' vot' mer' vous chantait ça?...
Dit'-moi; vit-elle encor?

L'AMOUR, *toujours assis.*

Oui dà.

JEANNETTE.

Diante'! al' doit faire eun' joli' femme?

L'AMOUR.

Pas mal, c'est une grande dame;
Son regard à la fois est doux, vif, tendre & fier....

(*Il la fixe.*)

Vous avez beaucoup de son air.

JEANNETTE.

J'comprendrions mieux ça, voyant sa portraiture;...

*Ici l'Amour se leve, prend Jeannette sous le bras, la
conduit sur le bord du Théâtre; elle a l'air fort intriguée
de ce qu'il va lui dire, & elle suit des yeux tout ce
qu'il lui fait voir.*

L'AMOUR *lui montre du geste toutes les femmes*
qui sont dans la salle.

AIR *du Menuet d'Exaudet.*

Air mignon ;
Œil fripon ;
Mine fiere ;
Regard plein de volupté
Vous peint de ce côté
Le portrait de ma mere.

(*En face du Théâtre.*)

Rire fin,
Air mutin,
Fait pour plaire ;
Tous les attraits que voilà,
Eh bien, c'est encor là
Ma mere....
Par-tout quelle ressemblance !
Pas la moindre différence !

(*A la loge de la Reine.*)

Puis voici
Par ici
L'assemblage
De chacun des agrémens,
Dont s'offre, en traits charmants,
L'image.

(*Portant ses regards par toute la salle.*)

Air touchant,
Inspirant
La tendresse ;
Ton léger, noble, décent,
Avec grace imposant
Le respect à l'ivresse....

D 4

(*Avec enthoufiafme.*)

Dans ces lieux,
A mes yeux
Tout doit plaire ;
Au fpectateur enchanté
S'offre de tout côté
Ma mere !...

JEANNETTE.

Ah ! je n'm'étonnons pus q'vous foiai fi joli.

SIMON à *part.*

V'la qu'al vient amoureufe d'li !

JEANNETTE.

AIR : *Laure auffi fimple que touchante.* (1)

1

Allez-vous-en, monfieu' !... de grace !
Allez-vous-en ; r'tirez-vous d'là !
Si j'refte encor long-temps com' ça,
Dam' ! je n'répons pas de c'qui s'paffe.
Vous m'avez fait je n'fais queu' tour ;
J'fens je n'fçais quoi qui me dévore ;
C'ti-là pour qui j'avions d'l'amour....
Je n'fais pas... (*Bis.*) fi je l'aime encore.

2

J'aimions Simon d'amitié tendre ;
Pour li mon cœur était jaloux....

_____

(1) Cet air, qui eft de M. *Dorfonville*, fe vend, gravé, chez *Baillon*, rue *Neuve-des-Petits-Champs*, fur une chanfon de M. *Patrat* ; ce n'eft plus *Baillon*, mais fon fucceffeur.... c'eft pour cette raifon qu'on ne l'a point imprimé tel.

Mais, d'puis que j'fom' fi près de vous,
Ah! j'n'y pouvons pas rien comprendre !
Vous m'rendez tout' je n'fais comment....
Eft-ce un mal, un bien ? je l'ignore.
J'aimions Simon gnia qu'un moment....
Je n'fais pas.... (*Bis.*) fi je t'aime encore.

L'AMOUR, *tendrement.*

Tu m'enchantes!

JEANNETTE, *triftement.*

Monfieu'!... fi vot' minois n'm'abufe...

L'AMOUR, *à part.*

Elle me croit épris: pouffons plus loin la rufe....

(*Il tombe à fes genoux d'un air paffionné.*)

Si je t'abufe ?... ah! Dieux!... mais, lis donc dans
     mes yeux !
Ne te peignent-ils pas tout l'excès de mes feux ?

SCÈNE XII.

L'AMOUR, SIMON, JEANNETTE.

SIMON, *fortant de fon réduit, vient les féparer*
brufquement.

PArlez-donc, s'l' vous plaît!... n'avez-vous point
     de honte
D'v'nir com' ça la féduire ? & c'eft ti pour vot' compte,
Ou pour le mien, *monfieu'*, que j'vous ons prié d'ça ?
Tous v'nez fair' le genti'l... mais j'écoutions de d'là...

AIR *de la Cataquoi.* (Contredanse.)

Pour un' hom', qu'eſt l'dieu d'la tendreſſe,
C'eſt ti bieau d' faire c' métier là?
D' s'en v'nir cajoler ma maîtreſſe,
Comm' ſi l'on vous payait pour ça!
    Ça fait l'amant!
    L' p'tit ſoupirant!
    Ça fait ſerment!
    Galamment,
    Ça vous ment!
Ma foi! l'tout eſt plein d'gentilleſſe;
Ça s'appelle agir ben ſag'ment!

L'AMOUR *les réuniſſant.*

(à Simon.)

AIR : *Tu rêves toujours Sylvie.* (1)

I

Si, par un moment de ruſe,
J'ai voulu l'intéreſſer,
C'eſt un jeu, dont je m'amuſe;
Un jeu doit-il t'offenſer?
D'une beauté ſans ſeconde
Ton cœur obtient du retour.....

(*Il fixe un inſtant Jeannette.*)

Sois jaloux de tout le monde!
Ne le ſois pas de l'Amour.   } *Bis.*

---

(1) C'eſt une Romance, qui ſe trouve gravée chez le ſucceſ-
ſeur de Baillon, rue neuve des Petits-Champs; les paroles ſont
d'un anonyme; mais l'air eſt de M. Dorſonville, Acteur de la
Comédie Italienne, dont je pourrais citer vingt airs de Romances,
tous plus jolis les uns que les autres.

2

Aimez-vous, viver enfemble!
C'eft l'Amour, qui vous le dit.
C'eft l'Amour, qui vous raffemble;
C'eft ma main, qui vous unit.

(à Simon.)

Ton ardeur que je feconde,
Obtient d'elle du retour.

(Il fixe encore Jeannette.)

Sois jaloux de tout le monde!
Ne le fois pas de l'Amour.

} Bis.

SIMON.

Ah! bon; c'eft parler, ça;... t'nai, j'n'aimons pas qu'on
s'goffe;
Monfieu' le Dieu! vous viendrez à la noce?

L'AMOUR étonné.

Vous vous époufez donc?

SIMON étonné.

J' l'entendons ben com' ça...

L'AMOUR.

Ah! vous vous époufez;... je n'ai que faire là;...
Adieu.

(Il s'en va.)

SIMON, *courant après lui.*

Pourquoi donc ça?... V'nez toujours au mariage.

JEANNETTE, *le rattrapant.*

Ça port'ra bonheur au ménage.

(*L'Amour fait un signe négatif.*)

SIMON, & JEANNETTE *avec instance.*

AIR *des Plaisirs de Creteil.* (Contredanse.) ou *Vite aux champs, les amants,* &c.

Restez donc!

L'AMOUR.

Vraiment non!
Sans moi faites le mariage.....

SIMON & JEANNETTE.

Restez donc!

L'AMOUR.

Vraiment non!

SIMON.

J'ai'nl! c'est q' je m' fâch'rai tout d' bor.
Allons, Jeannet', fans tant d' façon,
Faut l' ret'nir par l' bout du plumage.

SIMON & JEANNETTE *plus preſſants, le*
tiennent chacun par une aîle.

Mais Reſtez donc !

L'AMOUR *ſe débattant.*

Vraiment non !

SIMON & JEANNETTE.

C' t'fus là n'eſt pas d' bon préſage ;
Mais Reſtez donc !

L'A MO'UR

Vraiment non !

SIMON.

Tar'nigol ! queu' méchant garçon !

L'AMOUR, *toujours tenu par les aîles.*

(*à part.*)

Par un tour de notre façon ,
Mettons fin à ce badinage.....

C'eſt le moyen que dans l'inſtant
Ce couple bien épris ſoit un couple inconſtant.

(*Le combat recommence.*)

Lâchez donc !

SIMON & JEANNETTE.

Vraiment non !

SIMON.

Ma Jeannette, allons, du courage!

L'AMOUR.

Afait lâcher donc!

SIMON & JEANNETTE.

Vraiment non!

SIMON.

N' lach' pas prise; moi, je tians bon.

br' r' r' r' r'

Ici l'Amour fait volte-face & leur échappe avec rapidité; il leur laisse à chacun entre les mains quelques plumes de ses ailes.

SCÈNE XIII.

SIMON, JEANNETTE, *aux deux bouts du Théâtre.*

(*Un moment de silence.*)

JEANNETTE *interdite.*

Eh ben, donc?

SIMON, *interdit.*

Ah! queu' tour!

JEANNETTE, *regardant ses plumes.*

Ah! q' c'est drôle!

SIMON, *regardant ſes plumes.*

Ah! q' c'eſt drôle!

JEANNETTE.

Ah! l' p'tit fripon, comme il a joué ſon rôle!

SIMON, *changeant de figure & d'attitude.*

Mais!... j'ſentons par-tout l' corps comme une d'man-
geaiſon...
Ça m'chiffonn'... qu'i' gnia point d' raiſon;...
Eſt-c' que je n' t'aim'rais pus, Jeannette!
Di donc !... Je m' ſens tout autre; & morguél ça
m'inquiette.

JEANNETTE.

Va, Simon, n'maim' pus, ſi tu veux;
Je m' ſens toute autre auſſi; vrai, j'n'ons pus les mem's
yeux.

SIMON *à part.*

C'eſt pourtant guignonant; de n'pus et' aimé d'elle!

JEANNETTE *à part.*

C'eſt pourtant ben fâcheux, de n'pus li ſembler belle!

SIMON *la regarde un moment, ſe tient droit comme un piquet, & chante gravement :*

AIR : *Tu diſais que tu m'aimais.*

Tu diſais que tu m'aimais!....

JEANNETTE.

N'en parlons pas davantage.....

LES AILES

(Elle le regarde à son tour en silence.)

Tu difais que tu m'aimais !

SIMON.

Sans doute je m'abufais.

JEANNETTE.

S'cependant tu me jurais
De n'être jamais volage !

SIMON.

Et toi, tu me promettais
De n' pas changer de langage !

Tous deux *fe rapprochant l'un de l'autre.*

Tu difais que tu &c.....

JEANNETTE *avec embarras.*

M. m.. m.. monfieu'l...

SIMON.

M.. m.. m'amfel'l

JEANNETTE, *le regardant avec dépit.*

Eh ben?

SIMON.

C'eft pourtant ben dommage!

JEANNETTE.

Ah! q' dans l' fonds d' mon ame, j'enrage!...
Là!... j'avions tant d' plaifir à m'. laiffer enflammer!...

SIMON

SIMON.

Et moi, mam'felle, à vous aimer!...
Faut craire apparemment qu'i' penfait, l'bon apôtre,
Que j' n'étions pas faits l'un pour l'autre!...

JEANNETTE *en pleurant.*

Non; j'crais plutôt, monfieu', que j' touchions au
bonheur;
Si j'n'avions pas touché fes ailes!...

SIMON, *d'un ton dolent.*

Vous ais raifon, mam'felle! & c'eft un fier malheur,
Toujours!... ces pleumes là font rud'ment criminelles!

SCÈNE DERNIERE.

L'AMOUR, SIMON, JEANNETTE,
Tout le Village.

L'AMOUR, *gaiement.*

TENEZ, tenez, mes chers enfants,
Vous invitez les gens à votre mariage;
Eh bien, voici du monde; & vous ferez contents;
J'amene ici tout le Village.

SIMON, *triftement.*

AIR: *Allez-vous-en, gens de la noce.*

I' n'eft pus temps; ça n' va pas d' même;
I' n'eft pus tems; vous v'nez trop tard.

JEANNETTE, *triftement.*

Oh! nous avons changé d' fyftème;
Nous n' nous aimons pus d'aucun' part.

E

SIMON, *en montrant l'Amour.*

C' bieau Monsieu', 'qui des amants s' gosse,
Morguenn'! comm' i' s'est gosse de nous!

JEANNETTE, *soupirant.*

Gnia pus d'époux.

SIMON, *soupirant.*

Gnia pus d'époux.

Tous deux ensemble.

Allez-vous-en, gens de la nôce!
Allez-vous-en chacun chez vous!

L'AMOUR, *jouant le surpris.*

Comment? vous paraissiez si charmés l'un de l'autre!

JEANNETTE, *le contrefaisant.*

Vous paraissiez!... com' si tout l' mal ne v'nait pas d'li...

SIMON.

J' sçais qu'i' n' tiant qu'à vous, Dieu marci!
D' guarir tout' sorte d' mals guarissez seul'ment l' nôtre;

L'AMOUR, *lestement.*

Ce n'est point aux époux que j'offre le plaisir;
Moi; bon pour les amants; j'aime à les secourir.

SIMON.

C' sentiment là, monsieu', n'est pas trop sage;
Gnia là, sous vot' respect, un brin d' libartinage.

JEANNETTE.

N' faut donc pas s'épouser?

L'AMOUR.

A parler franchement,
C'est un fort triste dénouement ;
Aujourd'hui c'est par-tout le même ;
Il n'est ni beau, ni rare....

SIMON.

Eh ! qu'i' soit rare, ou non ;
Queuq' ça fait, ça, du moment qu'il est bon ?
Ptet' ben qu'on est amant durant tout l' temps qu'on
s'aime ?
Faite qu' nous nous aimions tout commè auparavant !
C'est tout c' que j' vous d'mandons ; nous r'fus'rez, vous
c'te grace ?

L'AMOUR, *à part.*

Il faut prendre pitié d'un couple intéressant ;
Cette constance là...me passe....

(*Il leur reprend à chacun les plumes qu'ils ont à la main.*)

Allons, mes bons amis ; soyez heureux !...Adieu !

(*Il s'enfuit.*)

Tout le Village veut l'arrêter.

SIMON, *le retenant par le bras.*

Ah ! monseigneur ! v'là la nuit qui s'avance ;
P'assez l'soir avec nous !...

L'AMOUR, *regardant la forêt.*

Je suis bien dans ce lieu...

JEANNETTE, *le retenant par l'autre bras.*

Allons, allons ; un p'tit brin d' complaisance !

E 2

L'AMOUR, se laissant fléchir avec peine.

AIR : *N'en demandez pas davantage.*

1

Eh bien! passe pour cette fois;
J'assiste à votre mariage.
Mais m'assujettir à ces loix,
Ce seroit violer l'usage.
　　Bon pour aujourd'hui;
　　La première nuit......,
N'en demandez pas davantage.　　　　　　　　*Bis.*

2

L'Amour s'enfuit discretement
Loin de ceux que l'himen engage;
A la nôce il va rarement;
Encor n'est-ce plus qu'au village.
　　Il prête son nom;
　　Les époux, dit-on,
N'en demandent pas davantage.　　　　　　　*Bis.*

VAUDEVILLE DE LA FIN.

AIR *Nouveau.* N°. 12.

SIMON *à l'Amour.*

1

Encore un peu ma Bergère
Avec vous alloit me faire.....
Bien dupe & bien mécontent.
On voit beaucoup de nos belles
　　Qui, pour fausser leur serment,
N'ont pas besoin de vos ailes.　　　　　　　*Bis.*

Tout le monde réplte.

N'ont pas besoin, &c.....

L'AMOUR, *aux jeunes gens du Village.*

2

Profitez, belle jeunesse,
Des loisirs que l'on vous laisse,
Pour contenter vos defirs ;
A l'Amour foyer fidéles ;
 Fixez le temps des plaisirs.....
Et fongez qu'il a des ailes.   *Bis.*

Tout le monde.

Et fongez qu'il a, &c.....

La Vieille.

3

Ce n'eft pas pour le jeune âge
Que l'Amour devient volage ;
Mais, quand il nous voit vieillir.....
Soyons laides, foyons belles ;
 Ayons beau le retenir..... br'r'r'r'
Il s'enfuit à tire-d'ailes.   *Bis.*

Tout le monde.

Il s'enfuit, &c.

JEANNETTE *au Public.*

4

Meffieurs, par votre préfence,
Prouvez-nous votre indulgence ;
Venez ici tous les foirs ;
Et, dans des fêtes nouvelles,
 Pour voler à nos devoirs,
Nous fçaurons trouver des ailes.   *Bis.*

Tout le monde répéte.

Nous fçaurons, &c....

LES AILES

BALLET.

L'AMOUR aux Dames.

AIR : *Jupiter dans les cieux avecque sa Junon*, &c.

Mesdames, chaque jour,
C'est ici de l'Amour
Le séjour ;
Ses Jeux & la gaîté
Sont faits pour la Beauté.

On répéte & on danse.

Mesdames, chaque, &c.....

L'AMOUR.

Lorsque nos chants
Fêtent vos agrémens ;
Aux talens
Le Parterre applaudit,
Et sourit.
Ici le Dieu des cœurs
A des adorateurs
Plus qu'ailleurs.
C'est sur-tout aux Français
D'assurer mes succès.

On répéte & on danse.

Ici le Dieu des cœurs, &c....
C'est sur-tout aux Français
D'assurer ses succès.

La *Pièce* se termine par un *Ballet Pantomime*, interrompu par une SABOTIERE d'un genre très-agréable.

Nota. Les personnes qui ont suivi les représentations de ce *Badinage*, vont me demander pourquoi on ne la joue pas telle qu'elle est imprimée..... A cela, rien de surprenant. Tous les jours un Auteur remet dans une pièce imprimée ce qu'il en avait supprimé au Théâtre. Il y a même des transitions nécessaires, qui, omises sur la scène, ne laissent point appercevoir de vuide au Spectateur, trop occupé du jeu des Acteurs pour observer des fautes de logique, de plan, ou de littérature. Mais ces mêmes fautes, si l'Auteur n'a pas soin de les faire disparaître dans un volume, le Spectateur, devenu Lecteur, & n'étant plus distrait par aucun objet, les voit du premier coup-d'œil ; & ce ne font pas les Comédiens qu'il condamne. Cette Bagatelle est ici ce qu'elle était le jour de la première représentation. A trois petites scènes près, que le Public a tolérées sans mot dire, mais qui étaient parfaitement inutiles & faisaient longueur. Je les ai retranchées dans l'impression, parce qu'elles n'auraient pas produit un bon effet. J'ai inféré de même dans ce volume toutes les corrections que nous avons faites à la seconde représentation, les Comédiens & moi, d'après les observations générales ; comme des trivialités, des hémistiches plats, équivoques, &c..... Quant à ce que j'ai laissé, quoiqu'on l'omette au Théâtre avec raison, parce que la Pièce, sans ces détails, est déjà assez longue, je ne l'ai publié que pour donner une facilité de plus aux Sociétés qui voudraient s'amuser de mon *Badinage*. Qu'on l'omette, ou qu'on s'en serve à cela, je n'ai pas le mot à dire.

Nota. Des Élégantes portaient jeudi dernier, jour de la *Fête-Dieu*, des *Caracos* aux *Ailes de l'Amour ;* cela n'est brin joli.... mais ce qui est bien joli, bien galant, bien charmant, bien élégant, ce font les bonnets aux *Ailes de l'Amour*, qu'on fait chez M. *de Sijas.*, au Magasin de modes des *Arts réunis ; rue Neuve des Petits-Champs*, entre la rue *Sainte-Anne* & la rue de *Chabanais ;* on lit fur les balcons des croisées, fous deux tableaux allégoriques, ces deux quatrains du *Cousin Jacques :*

Ici les fleurs s'épanouissent
Pour parer leur Divinité ;
Ici les Arts se réunissent
Pour rendre hommage à la beauté.

De la nature avec fuccès
Ici l'Art jaloux fuit les traces.
Le Goût nacquît chez les Français
Exprès pour habiller les Grâces.

P. S. On ne trouve que chez M. *de Sijas* les *bonnets*
aux Ailes de l'Amour , &c.

APPROBATION.

J'ai lû, par ordre de M. le Lieutenant-Général de
Police : *les Ailes de l'Amour* , Comédie, en un Alle &
en Vers , mêlée d'Airs & de Vaudevilles , & je n'y ai
rien trouvé qui m'ait paru devoir en empêcher la repréfentation ni l'impreffion. A Paris , le 23 Mai 1786.

                                        SUARD.

Vu l'Approbation , permis de repréfenter & d'imprimer.
A Paris , le 23 Mai 1786.

                    DE CROSNE.

No. I.

Allegro moderato.

Simon. QUEUQ'ÇA veut di-re? com-me j'sou-pi - re t

comme j'sou-pi - re t je n'sçais point c'que j'ai d'puis

queu'jours; p'tet'ben qu'on m'au- ra jouai queuq' tours

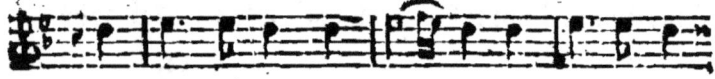

mon cœur, qu'était tout d'gla - ce, sent un feu qui

l'tra - caf - fe, sent un feu, qui l'tratas - fe . . .

ah! ah! j'crois q'Jeannett' m'ex-pliq'rait bian si

c'est queuq'chose ou si c'n'est tian; ah! ah! j'crois

q'Jeannett' m'expliq'rait bian si c'est queuq' chose ou

si c'n'est tian.

A

Sans et' malade,
J' fis tout mauffade. (*bis.*)
C'eft quenq' chofe d' ben furprenant
Q' d'ét' com' ça tout je n' fçais comment ;
Quoiq' fans cefle j' travaille,
J' vois q' je n' fais rien qui vaille ? (*bis.*)
Ah !
Ah ! j' crois q' Jeannett', &c.

Quand j' vois Jeannette,
J' fis quafi bête ; (*bis.*)
Quoiq' dans l' fonds je n' manq' pas d'efprit.
J' crois tout d' mêm' que j' perds l'appétit.
Je n' dors, ni n' bois, ni n' mange ;
J' compt' ben q' mon vifag' change. (*bis.*)
Ah !
Ah ! j' crois q' Jeannett', &c.

A Paris, chez LESCLAPART, Libraire de MONSIEUR,
Frère du Roi, rue du Roule, No. 11. près du Pont Neuf.

No. II.

'Air des *Ailes de l'Amour* , chanté par Mlle Desbrostes.

Un peu lent & pointés les notes.

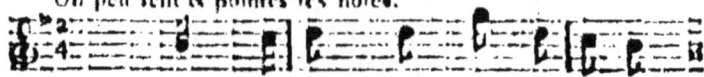

Jeannette. C' que j' scavons d' scienc' ben cer-tai-ne,

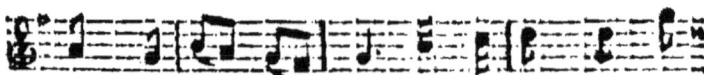

c'est gnia z-un queuq' z-un vais qui je n' scais quoi

m'en-trai-ne; j' m' plait com' pas un... Quand j'ne

l' vois pas, ça m' cha-grei-ne; d' man-dai-moi pourquoi.

Simon. S' rait c' ti moi? s' rait c' ti moi?

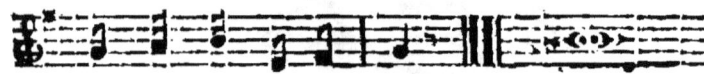

j' n'en scais rian, mais je l' croi...

2.

J' scais ben qu'i' n' faut pas qu' i' l' scache,
D' crainte d' queuq' malheur,
Et qu'i' faut qu'un' brav' fill' cache
C' qu'i' gnia dans son cœur.
Aussi, dès qu'i' m' p...?, je m' fâche,
D'mandai-moi pourquoi!...
Simon.
S'rait c'ti moi? &c.

A Paris, chez Lesclapart, Libraire de MONSIEUR,
Frère du Roi, rue du Roule, No. 11, près du Pont Neuf.

AIR des *Ailes de l'Amour*, chanté par Mlle. DESBROSSES
Moderato gracioso.

Jeannette. C'TILA, q'jaime au fonds d'mon â-me, eſt

ben l'plus gen-ti gar-çon, j'crais ben q', ſi

j'é-tions ſa fem-me, il en-ten-drait la rai-

ſon auprès d'li mon cœur ſou-pi-re...mais

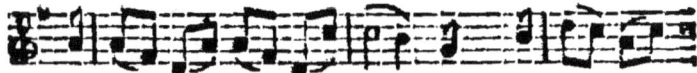

j' veux ſou-pi-rer ſi bas, qu'i's'dout'preſ-que

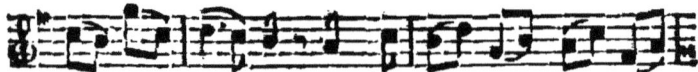

d' mon mar-ty-re, mais pour-tant qu'i' n's'en dout'

pas...mais pourtant qu'i'n' s'en dout' pas.

2.
Drès l' matin, ſur c'te montagne,
Quand i' viant couper du bois,
Mon cœur le ſuit, l'accompagne;
Sans et' avec li, je l' vois...
Auprès d' li mon cœur, &c.

A Paris, chez LESCLAPART, Libraire de MONSIEUR,
Frère du Roi, rue du Roule, No. 11. près du Pont Neuf.

No. I V.

AIR des *des Ailes de l'Amour*, chanté par M. TREAU

Allegro moderato.

Simon. Vous croyés q' pàr ces bieaux mots là je m' lais'rai

prendre; ah!q' nen-ni dà ; je m'lais'rai prendre;ah!q'nen-

ni dà ; fans barquigner , dit' moi vot' nom; eft c' que

j' fça-vons 'rian d' vot' jar - gon? eft-c' que j' fça-vons

rian d' vot' jar - gon? eft c' que j' fçavons rian d' vot'

jargon? ha ! ha !   ha ! que j' n'entends pas ça ! ho !

ho !   ho ! q' je n' fis pas fi fol!q' je n' fis pas fi

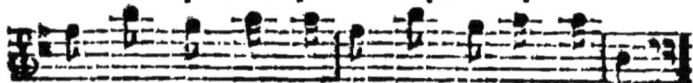

foll q' je n' fis pas   fi foll q' je n' fis pas   fi foll

No. I V.

Air des *des Ailes de l'Amour*, chanté par M. Trial

Allegro moderato.

Simon. Vous croyés q' par ces bieaux mots là je m' lais'rai

prendre; ah! q' nen-ni dà; je m'lais'rai prendre; ah! q' nen-

ni dà; sans barquigner, dit' moi vot' nom; est c' que

j' fça-vons 'rian d' vot' jar - gon? est-c' que j' fça-vous

rian d' vot' jar. - gon? est c' que j' fçavons rian d' vot'

jargon? ha! ha! ha! que j' n'entends;pas ça! ho!

ho! ho! q' je n' fis pas fi fot! q' je n'fis pas fi

fot! q' je n' fis pas fi fot! q' je n'fis pas fi fot!

J' vous dis q' je n' vous comprenons pas
Avèuc tout vot' palimathias. (*bis.*)
Vous avez bieau m' fais' ces yeux - là...
J' n'en approch'rons pas pus pour ça , (*trois fois.*
Ha ! ha ! ha !
Que j' n'entends pas çà !
Ho ! ho ! ho !
Q' je n' lis pas si sot ! (*quatre fois.*)

A Paris, chez LESCLAPART , Libraire de MONSIEUR ,
Frère du Roi, rue du Roulé, No. 11. près le Pont Neuf.

No. V.

AIR des *Ailes de l'Amour*, chanté par Mlle. CARLINE.

Un peu lent.

L'Amour. PUIS-JE parler autrement? me nom-mer

plus clairement? je suis l'A-mour; c'est l'Amour

mé-me; ap-proche donc, & ne crains rien.

a-dore le pou-voir fu — pré-me d'un Dieu qui

ne fait que du bien! d'un Dieu qui ne fait

que du bien!

A Paris, chez LESCLAPART, Libraire de MONSIEUR,
Frère du Roi, rue du Roule No. 14. près du Pont Neuf.

'Air des *Ailes de l'Amour*, chanté par Mlle. CARLINE

Moderato. Gracioso.

L'Amour. Il faut des ailes à l'Amour, non

qu'il soit lé-ger, ni vo-la-ge; mais pour le

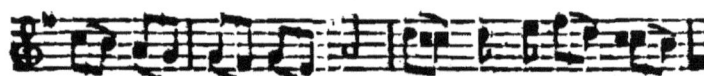

fou-tien de fa Cour; mais pour le fou-tien

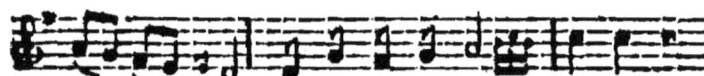

de la Cour, vou-loir lui ra-vir fon plu-

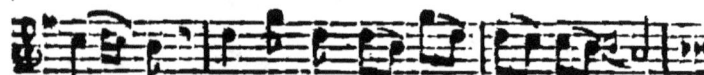

ma-ge, c'est dé-cou-ra-ger les A-mants;

pour vo-ler auprès de leurs Bel-les, pour

bâ-ter des mo-ments char-mants, il faut leur prê-

Violon. Violon.

ter, il faut leur prê-ter, il faut leur prê-

ter mes ai-les, il faut leur prê-ter mes

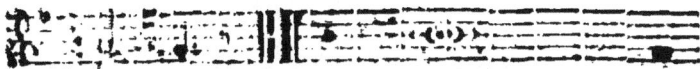

ai - les.

2.

Si dans l'instant du rendez-vous,
Il faut échaper à l'orage,
Et tromper les regards jaloux ; (bis.)
C'est le secours de mon plumage
Qui favorise les Amants ;
Pour calmer des Beautés rebelles,
Pour voiler des plaisirs charmants,
Il faut leur prêter... (bis.)
Il faut leur prêter mes ailes. (bis.)

A Paris, chez LESCLAPART, Libraire de MONSIEUR,
Frère du Roi, rue du Roule, No. 11. près le Pont Neuf.

No. VII.

A i r des *Ailes de l'Amour*, chanté par
Mlle M e i l l e n c o u r t.

Moderato.

Une Grace. Voi-ci l'aimable ob-jet, au-quel tout

rend les ar-mes; le Dieu, que nous cherchons,

se vient of-frir à nous; le Dieu, que nous cherchons,

se vient of-frir à nous; on sent, à l'af-pect

de ses charmes, un pleisir, un plai-sir bien

doux! on sent, à l'aspect de ses charmes, un

plai-sir, un plai-sir bien doux!

A Paris, chez Lesclapart, Libraire de MONSIEUR,
Frere du Roi, rue du Roule, No. 11. près le Pont Neuf.

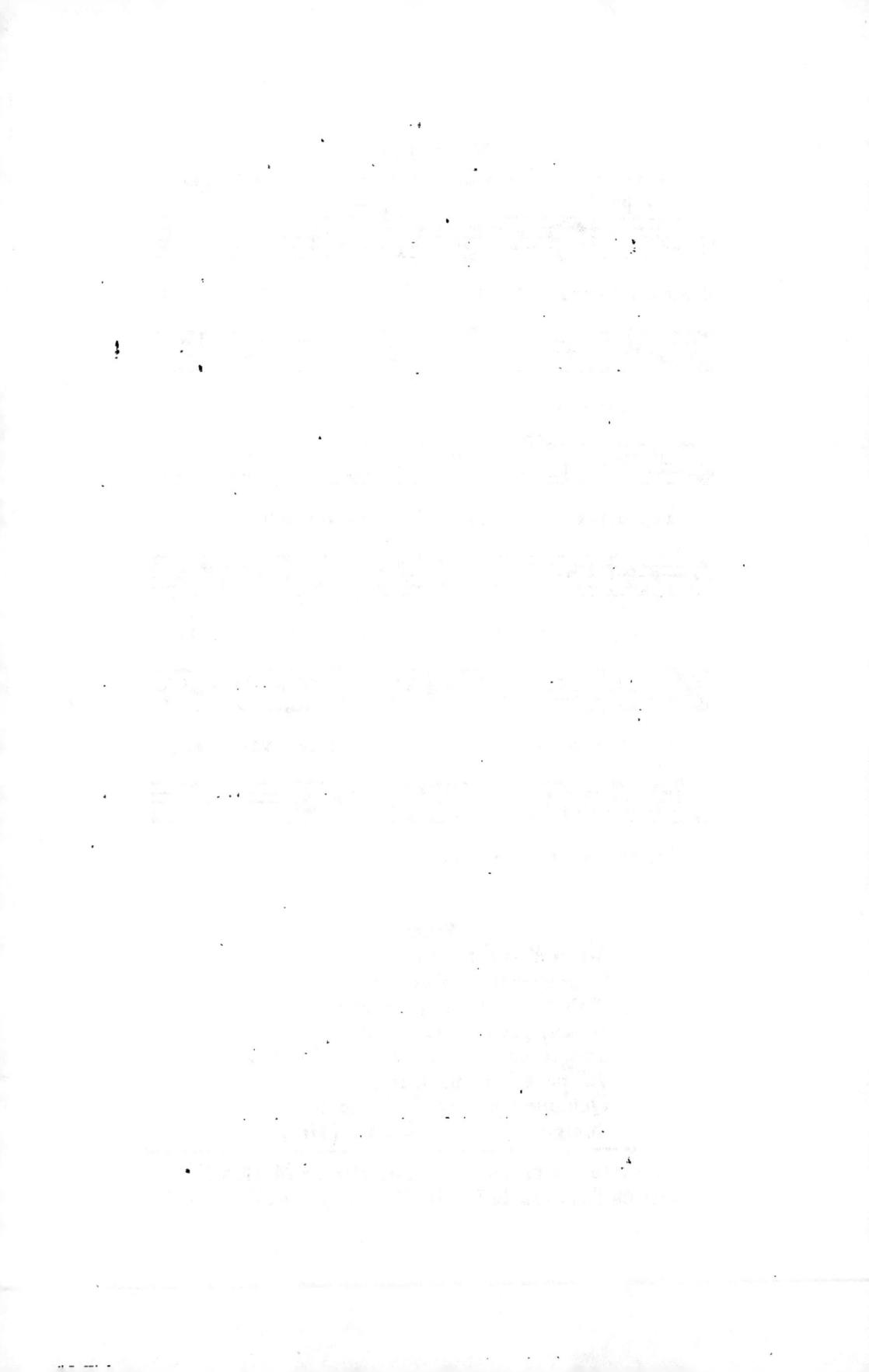

No. VIII.

Air des Ailes de l'Amour, chanté par Mlle. CARLINE.

Un peu lent.

L'Amour. J'EXER-CE ta conf-tan - ce; Jeannette au

ta fon tour. Je veux, en ta pré-fen - ce,

l'éprouver en ce jour. Ca-che - toi fous l'om-

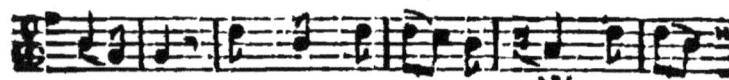

bra-ge, dès que tu l'en-ten-dras, té- moin

dif-cret & fa - ge de ce que tu ver-ras,

de ce que tu ver-ras.

2.
Simon.
Marci d' vot' complaifance;
Vous avez trop d' bontal.
Mais fur tout d' la prudence!
N' faut pas trop la tental.
Songez qu', dès q' c'eft eun' femme;
Al' peut faire un faux pas,
Quoique j' compt' fu' fa flamme,
Morgué, je n' m'y fi' pas. (*bis.*)

A Paris, chez LESCLAPART, Libraire de MONSIEUR,
Frere du Roi, rue du Roule, No. 11. près du Pont Neuf.

Air des *Ailes de l'Amour.*

Moderato.

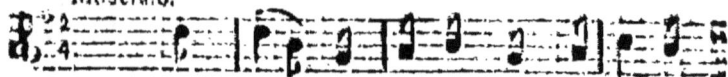

L'Amour. MON en-fant, voulez-vous m'entendre?
pro-fi-tez bien de ma le-çon; un Ber-ger
vrai, fen-fible & tendre s'ex-pri-me fur un autre ton; dans l'art d'ai-mer je fuis bon maître; je dois, ce fem-ble, m'y con-naî-
tre; dans l'art d'aimer je fuis bon maî-tre;
je dois, ce femble, m'y con-naî-tre.

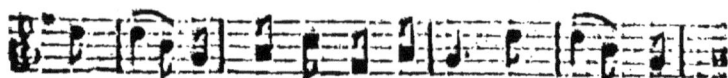

2.

Combien de gens, que cette grace
Mettrait au comble de leurs vœux!
Qui, s'ils étaient à votre place,
Guériraient d'un martyre affreux!
Dans l'art d'aimer, &c.

A Paris, chez LESCLAPART, Libraire de MONSIEUR,
Frère du Roi, rue du Roule, No. 11. près du Pont Neuf.

No X.

Moderato.

L'Amour. Vous soupi-rez pour un vo- la-ge; vous vous

flat- tez d'un vain es-poir, vous vous flat - tez d'un

vain es-poir. Quand un A - mant de-vient peu

sa- ge, le change-ment est un de- voir, le chan-

ge-ment est un de-voir. Il vous ai-mait, je

veux le croire; d'autres objets l'ont enchan- té;

ont effa-cé de sa mé-moi-re l'image de

vo-tre beauté, l'ima-ge de vo-tre beau-

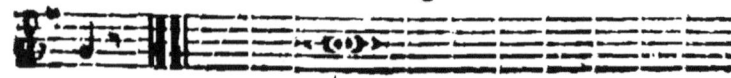

Jeannette.

Monßeu', ſi mon Amant m'oublie,
Ah! j' ſçauront ben en faire autant. (*bis.*)
Et , pour paſſer ma fantaiſie,
J' ſçaurons ben prendre un autre Amant. (*bis.*)
A la vill' , comme à la campagne ,
Du mêm' train nos amours marchont ,
Nous ſavons toujours ſ'nel bord pagne,
Quand not' Amant nous fait faux bond. (*bis*)

A Paris , chez Leserarart , Libraire de MONSIEUR ,
Frère du Roi , rue du Roule , No. 11. près du Pont Neuf.

No. XI.

Air des des Ailes de l'Amour.

Andante.

L'Amour. La vo lup té tendre & pu - re n'e-

xiste pas fans l'A-mour, en même tems la

Na - tu - re à tous deux don na le jour,

à tous deux don - na le jour. Le plai fir de

la ten - dresse vaut lui seul tous les

plai - firs; le bonheur n'a point d'i - vresse,

fans l'i - vrefs fe des de - firs, fans l'i - vrel-

fe des de - firs, fans l'i - vref - fe des de-

firs.

A Paris, chez Lesclapart, Libraire de Monsieur
Frère du Roi, rue du Roule, No. 14 près le Pont Neuf.

Andante.

La volup- té tendre & pu re n'e - xif te

pas fans l'Amour, en même tems la Na-

tu - re à tous deux don na le jour. Le

plai - fir de la ten - dref - fe vaut

lui feul tous les plai - firs ! le bonheur n'a

point di - vref fe fans l'i - vref fe des dé-

firs, fans l'i - vref fe des de - firs.

A Paris, chez LESCLAPART, Libraire de MONSIEUR,
Frère du Roi, rue du Roule, No. 11. près du Pont Neuf.

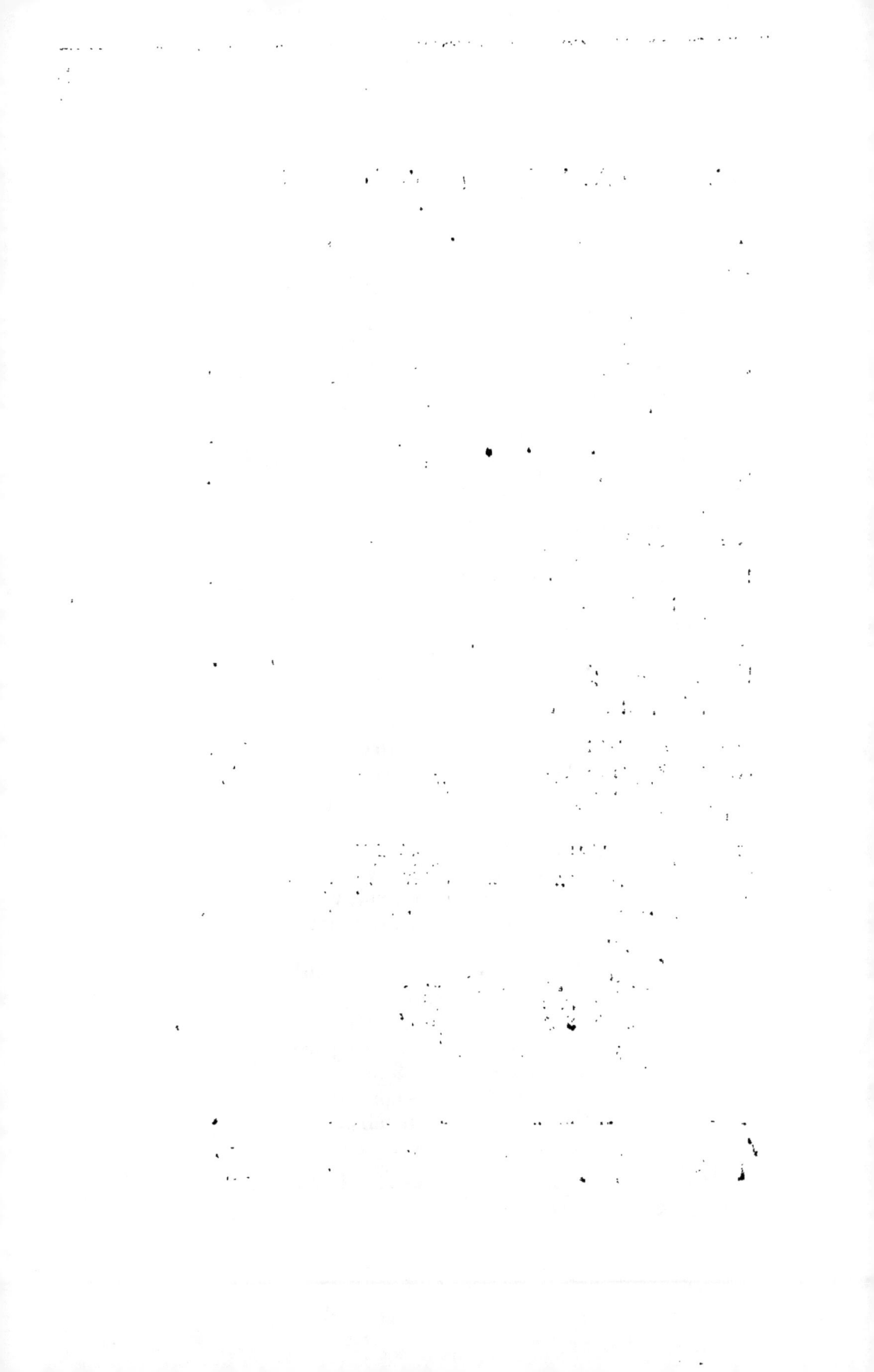

Air du Vaudeville des *Ailes de l'Amour*

Simon. En-cor un peu ma Ber-ge-re a vec

vous al-lait-me fai-re bien du pe & bien mé-

con tent. On voit beaucoup de nos Bel les, qui

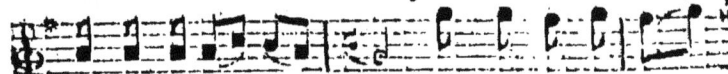

pour fauffer leur fer-ment, n'ont pas befoin de

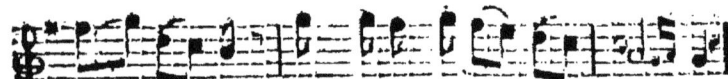

vos aî-les, n'ont pas befoin de vos aî-les.

L'Amour.
Profitez, belle jeuneffe,
Des loifirs que l'on vous laiffe,
Pour contenter vos defirs;
A l'Amour foyez fidelles;
Fixez le tems des plaifirs...
Et fongez qu'il a des aîles. (*bis.*)

La Veille.
Ce n'eft pas pour le jeune âge
Que l'Amour devient volage;
Mais, quand il nous voit vieillir,...
Soyons laides, foyons Belles;
A'ions beau le retenir...
Br'r'r'... il s'enfuit à tire-d'aîles. (*bis.*)

Jeannette.
Meffieurs, par votre préfence,
Prouvez-nous votre indulgence;
Venez ici tous les foirs;
Et, dans des fêtes nouvelles,
Pour voler à nos devoirs...
Nous fçaurons trouver des aîles. (*bis.*)

A Paris, chez LESCLAPART; Libraire de MONSIEUR, Frere du Roi, rue du Roule, No. 11. près du Pont Neuf.

www.ingramcontent.com/pod-product-compliance
Lightning Source LLC
Chambersburg PA
CBHW060643100426
42744CB00008B/1737